ANTOINE-FRANÇOIS

SAINT-AUBERT

peintre cambresien

(1715-1788)

PAR A. DURIEUX

J. RENAUT

IMPRIMEUR LIBRAIRE LITHOGRAPHE

CAMBRAI

18 rue St Martin 18

1888

ANTOINE-FRANÇOIS

SAINT-AUBERT

ANTOINE-FRANÇOIS

SAINT-AUBERT

peintre cambresien

(1715-1788)

PAR A. DURIEUX

J. RENAUT

IMPRIMEUR LIBRAIRE LITHOGRAPHE

CAMBRAI

18 rue St Martin 18

1888

ANTOINE-FRANÇOIS

SAINT-AUBERT

1715-1788

Recordemur !

On a dit et l'on répète que les Français ne connaissent pas la France ; de fait, malgré la diffusion — récente il est vrai — de l'instruction, que de gens confondraient encore volontiers les Alpes et les Pyrénées, continuant, comme le singe du fabuliste, de prendre en histoire le Pirée pour un homme.

Cette remarque vraie pour l'ensemble ne l'est pas moins, en général, pour la partie. A Combien de citadins l'on pourrait toujours appliquer les paroles de Jérôme Pimpurniaux aux Namurois de son temps : « La ville où vous êtes nés, leur disait-il, vous est à coup sûr moins connue que Constantinople et Pékin. » — Pourtant il n'y avait point encore alors de sociétés de Géographie.

Disons-le en passant, cette ignorance est peut-être, — le travers de l'esprit humain aidant — si pas la cause principale du moins l'une des causes pour lesquelles d'aucuns médisent de leur lieu de naissance, et dès qu'ils en sont éloignés n'oublient jamais de le dénigrer.

Par là nous n'entendons pas la ville matérielle qui va sans cesse s'embellissant partout, mais cette association toute d'esprit et de pensée dont les manifestations politiques, littéraires artistiques dans le passé composent l'existence intellectuelle, la vie vraie, l'âme sans laquelle ce corps de pierre et de brique ne serait que pure matière.

A côté des faits constituant l'histoire de la grande patrie, n'y a-t-il donc point place dans la mémoire du citoyen, dans son cœur plutôt, pour les événements qui ont agité sa cité natale, « cette petite patrie. » Elle aussi a travaillé, souffert, gémi, combattu et maintes fois s'est, à son tour, sacrifiée obscurément pour la gloire de la grande !

A côté des illustres, dont la renommée s'impose d'une frontière à l'autre, n'en est-il pas de plus humbles, de plus modestes, noyés dans la masse et dignes pourtant d'être tirés de l'oubli. Il est bon de les isoler un moment, de les soustraire à l'éclat aveuglant des premiers qui les obscurcit par opposition.

Ils ont honoré leur petit pays par leurs vertus, leur savoir ou leur talent : il est utile de les donner en exemple. C'est donc accomplir un devoir de leur rendre ce public hommage, dû à tout travailleur de bonne volonté.

A maint d'entre eux il n'a manqué que la rencontre de la « déesse aux trois cheveux » pour devenir, selon une expression moderne, « un homme arrivé; » il ne lui a manqué qu'un grain d'ambition, un article de journal — les journaux ont encore du bon — pour être apprécié à sa valeur.

Sous l'empire de ces réflexions, nous voulons essayer de faire connaître d'une façon plus intime, une de nos gloires artistiques dont tous ont pu voir sinon apprécier les œuvres : le peintre cambresien Antoine-François de Saint-Aubert (1).

Au commencement du dix-huitième siècle, derrière le palais archiépiscopal dont l'entrée — tout ce qui reste de l'édifice — conservée par M. Ronnelle, père, a été, il y a quelques années, généreusement restaurée aux frais du propriétaire actuel, M. Bocquet, derrière ce palais, disons-nous, s'étendait jusqu'au bras de l'Escaut dit : *L'Escautin*, un jardin d'agrément. L'entretien en était confié à un jardinier originaire de l'un de nos faubourgs, habités comme aujourd'hui par les pourvoyeurs ordinaires de nos marchés. Il était d'une famille nombreuse, se nommait Jean de Saint-Aubert et avait pour femme Elisabeth Simon. Le 8 mars 1711 il naissait dans ce ménage une fille. Le 10 septembre 1715, il y venait un fils. Selon le pieux usage d'alors, on s'empressait de le faire baptiser le lendemain, à l'église Saint-Nicolas ; c'était la paroisse où de Saint-Aubert habitait, rue des Sottes, une petite maison propriété des pères Jésuites, pos-

(1) E. Bouly : — *Les Sciences, les Lettres et les Arts à Cambrai* (in-8° 1844) — a le premier essayé de tirer de l'oubli la mémoire de l'artiste cambresien.

sesseurs du collège de Cambrai voisin de cette même rue (1).

On inscrivait le nouveau-né sur le registre baptistaire, sous les prénoms d'Antoine-François (2).

Il avait pour parrain un ami de ses parents, de plus un artiste, Antoine Taisne, peintre et graveur, dont quelques œuvres, portraits à l'huile, gravures, dessins, etc., existent encore. Taisne, natif d'Anneux, près Cambrai, avait alors vingt-trois ans (3).

Le fils de Jean, dès qu'il put marcher, aimait, comme tous les enfants, à suivre son père dans le jardin du palais, où il venait travailler chaque jour.

(1) Voir *Le collège de Cambrai*, par A. Durieux, page 185.

(2) « Undecima septembris, anni millesimi septengentesimi « decimi quinti, baptisatus fuit Anthonius Franciscus, filius « legitimus Joannis de Saint-Aubert et Marie Elisabeth « Simon, suscipientibus eum Anthonio Taisne et Maria « Josepha Guille, natus fuit pridie. »

(Registre de la paroisse Saint-Nicolas, n° 131, page 191. — Archives communales G. G. I.)

(3) Voir sur ce peintre : *Les Artistes cambresiens du IXe au XIXe siècle, etc*, par A. Durieux, pages 152 et suivantes.

Cette sorte d'intrusion dans le domaine sacré était pour l'enfant d'autant plus facile qu'il n'y avait pour lui nulle crainte d'y rencontrer l'occupeur de droit, alors le célèbre cardinal Dubois, qui ne parut jamais dans son diocèse.

Dans la ville métropolitaine s'élevait à cette époque, parmi de nombreuses églises, anciennes pour la plupart, un monument détruit depuis, mais resté célèbre. Des jardins de l'archevêché on voyait se dresser, au-dessus des combles du palais, le vieux temple ogival de Notre-Dame. Sa flèche admirable et renommée, véritable dentelle de pierre, ses statues, ses sculptures étranges, les gargouilles fantastiques bordant ses toitures aiguës ou s'élançant des clochetons debout sur les contreforts évidés buttant les flancs de l'édifice, tout cela revêtait sous les rayons du soleil couchant les tons les plus riches et les plus variés, qu'augmentaient les couleurs naturelles dont le temps avait teinté les antiques murailles.

La vue, pour ainsi dire journalière, d'un art typique en opposition avec la nature corrigée des jardins tracés dans le goût d'alors, avait fait sur l'esprit du petit Antoine une impression certainement involontaire à son âge, mais durable à l'égal de toutes les premières impressions, mélange de possible et d'impossible qu'il garda toute sa vie. Il suffit de voir certaines de ses toiles pour s'en convaincre.

Ces figures l'intéressaient, il voulut les imiter. Dès qu'il pouvait trouver une craie, une braise, il s'empressait « d'illustrer » les murs de l'archevêché de sujets qu'il charbonnait à l'imitation, selon lui, des formes qui l'avaient frappé et dans lesquelles le bizarre avait souvent place.

A cette innocente distraction il y avait un inconvénient ; mais bien que vertement tancé par l'auteur de ses jours pour « salir ainsi les murailles de monseigneur, » le futur peintre ne se corrigeait pas.

Taisne, le parrain, eut naturellement connaissance des goûts manifestés par son filleul. Il y vit l'indice sur d'une vocation ; il offrit au père d'enseigner le dessin à son fils.

Celui-ci ne se sentit point d'aise la première fois qu'assis chez son nouveau professeur, en face d'un modèle élémentaire, on lui mit en main une feuille de papier blanc et un fusain taillé avec soin par le maître.

Le goût devint passion. Antoine dessinait chez

Taisne, il dessinait chez lui, il dessinait dans le jardin de l'archevêché — plus sur les murs néanmoins — sur le sable des allées, avec son doigt.

Le cardinal Dubois était mort le 10 août 1723. M. de Saint-Albin, de sang royal bien que de naissance irrégulière, évêque de Laon, à ce titre pair de France, avait été promu, le 15 octobre suivant, au siège vacant de Cambrai. Un peu moins de trois ans après, il faisait son entrée dans le lieu de sa nouvelle résidence.

Son origine, ses fréquents et longs séjours à Paris, ses penchants naturels en avaient fait un ami des arts et des lettres qu'il protégeait autant que les malheureux dont il était la providence.

Jean le jardinier avait un chien ; c'était le commensal ordinaire des jeux de son fils. Antoine de Saint-Aubert avait élevé son compagnon au rang de modèle. Le docile animal obéissait avec une patience et une résignation toute philosophique aux exigences de son jeune maître. Un jour de l'année 1727, celui-ci agenouillé dans un coin du jardin, non loin de l'endroit où travaillait son père, reproduisait au trait, sur le sable, l'image de son fidèle camarade. Le chien assis semblait comprendre l'importance de ses fonctions. Il conservait une immobilité complète, permettant au jeune dessinateur de le copier avec exactitude. Tout à coup, l'enfant absorbé dans son étude sent une main se poser légèrement sur son épaule. Il se retourne surpris, rougit, se hâte de se relever confus et de se décoiffer : c'était monseigneur de Saint-Albin lui-même.

Le prélat avait cet aspect aristocratique de race si bien marqué dans son portrait peint par Hyacinthe Rigaut, qui le donna à graver à Smith en 1742. Revenu de Paris pour continuer la visite pastorale de son diocèse, M. de Saint-Albin se reposait un instant par une courte promenade dans son jardin, de quelques heures d'un travail assidu. Le hasard l'avait mis en présence du petit Antoine.

L'archevêque l'emmena dans son cabinet pour le questionner plus à son aise, lui demanda son âge : de Saint-Aubert avait douze ans. Il lui fit faire quelques esquisses sous ses yeux et constatant chez le sujet des dispositions incontestables, l'engagea à les développer par le travail, promettant de lui venir en aide.

Le jeune dessinateur, tout fier de cette promesse et

de la haute position de son nouveau protecteur, redoubla de zèle sous la direction intelligente de son parrain. De son côté M. de Saint-Albin ne perdit point de vue son jeune protégé. Quand il le jugea capable de profiter des leçons d'un maître plus habile, à l'un de ses voyages à Cambrai il fit venir le père Jean et lui offrit de faire d'Antoine un peintre !

Ce n'était pas précisément ce que le bonhomme avait rêvé pour son fils. Il ne fut point facile de le convaincre : Jean ne savait pas de plus beau métier que celui de jardinier.

Longtemps il hésita avant d'accepter l'offre qui lui était faite. Sollicité par son ami Taisne qui y mettait un amour propre tout naturel, sollicité par la mère envisageant déjà pour son fils un avenir à l'abri des insolations et des ondées auxquelles on est forcément exposé en soignant un jardin, — fût-ce même celui d'un archevêque — Jean céda enfin à ces doubles sollicitations.

Bientôt, le jeune homme muni des recommandations de M. de Saint-Albin et la bourse par lui également garnie, partait pour Paris afin d'y continuer sérieusement les études d'art ébauchées dans l'atelier de Taisne. Il avait dix-sept ans.

De quel maître à Paris Antoine de Saint-Aubert reçut-il les leçons ?

Ici se place forcément une digression, touchant ce point de la vie de l'artiste dont la solution n'est point facile.

On a dit, par une sorte de fausse tradition, que notre peintre était l'élève d'Antoine Watteau, habituellement nommé « le grand Watteau, » comme lui enfant des Flandres, que Valenciennes s'enorgueillit avec raison d'avoir vu naître. Cette opinion n'est pas soutenable. Le grand Watteau, né en 1684, était mort en 1721, quand notre jeune concitoyen avait six ans à peine. Nous avons entendu son petit-fils — à qui nous devons nombre d'autres indications — nous dire à nous-même, que son aïeul avait étudié à Lille sous un autre artiste valenciennois, également du nom de Watteau Louis. Louis était fils, d'un second mariage, du plus jeune des frères du « peintre des fêtes galantes, » par conséquent neveu de ce dernier. Il était né le 10 avril 1731 et se trouvait dès lors plus jeune de seize ans que de Saint-Aubert. Plus tard élève de l'Académie royale de Paris, où il obtenait plus d'un succès, il quittait cette ville avant 1754, alors que depuis de longues années déjà le fils de Jean en était revenu.

Est-il admissible qu'il ait ainsi reçu les enseignements de celui dont il était si grandement l'aîné ?

En l'absence de tout document certain, si nous osions hasarder une hypothèse, nous dirions volontiers que de Saint-Aubert eut à Paris les leçons de Lancret, mort en 1743, avec le genre de qui celui de notre concitoyen n'est pas sans une grande affinité.

A son retour à Cambrai Antoine était un peintre. L'archevêque, qui ne l'avait jamais perdu de vue à Paris, se trouvait alors dans sa ville épiscopale. Il fit à son protégé un brillant accueil. Il n'avait eu qu'à se louer de l'ardeur au travail et des progrès rapides de l'artiste. Il voulut le voir à l'œuvre : il lui fit faire son portrait.

Le jeune homme, au milieu des mœurs parisiennes du dix-huitième siècle — mœurs de ruelles — avait conservé son honnêteté native, son esprit rêveur, une imagination toute flamande, mêlant aux détails de la vie réelle ces images fantastiques qui l'avaient impressionné dans son enfance et qu'il reproduisait volontiers. Le quartier où habitaient ses parents, voisin du « Quétivier, » refuge de la petite et de la grande truanderie cambresienne (1), fournissait en abondance au peintre des modèles qu'il reproduisait dans ses scènes populaires. Mais sous l'influence de la grâce exagérée dont il s'était exclusivement imprégné à Paris et au coin de laquelle il marquait ses œuvres, il savait tempérer, pour ainsi parler, ce que ces scènes avaient de trop réaliste, par le mélange de coquettes figures de femmes d'une élégance de forme, d'un charme de contours, d'une volupté de pinceau incontestables.

Ou bien, assis le soir dans son atelier devant l'âtre où le tison brûlant se contournait de mille façons bizarres sous les ardeurs de la flamme, sa pensée vagabonde s'égarait dans un monde surnaturel. Alors lui apparaissaient ces étranges cauchemars, compositions où l'esprit et la verve s'allient sans cesse au fantastique.

Ce n'était pas là tout à fait, ce qui pouvait plaire

(1) Le « Quétivier » — chétif, misérable — comprenait la rue Saint-Fiacre, sur laquelle s'ouvre encore aujourd'hui une petite impasse : la « rue aux miracles » qui fait penser à la cour du même nom.

à l'archevêque : mais le prélat savait combien il est difficile de changer chez l'homme la nature et le caractère. Un peu déçu dans l'espoir qu'il avait pu éprouver de faire du fils du jardinier un peintre d'art religieux, cette déception ne fut sans doute pas sans influence sur la sorte de disgrâce dans laquelle tomba de Saint-Aubert près de son ancien protecteur, et sur la froideur que dès lors ce dernier lui témoigna.

C'est probablement ce qui amena l'artiste à passer en Angleterre pendant quelque temps.

Son instinct d'observateur le suivait partout. Tandis que sur le bateau, durant la traversée, il payait, en compagnie des autres passagers, ce tribut gastrique encore sans remède... certain, Saint-Aubert profitait de la moindre accalmie dans sa situation pour noter en quelques traits caractéristiques, d'une main que la souffrance ne parvenait pas à rendre paresseuse, les phases successives des... incidents dont il était le témoin et la victime simultanés. Nous avons eu sous les yeux plusieurs de ces croquis d'une si frappante réalité qu'il fallait s'en détourner bien vite pour n'en pas subir l'influence.

En tant qu'artiste, Antoine de Saint-Aubert fut bien accueilli chez nos voisins d'outre-Manche : il y laissa plusieurs toiles. Les Anglais avaient déjà pour la peinture de Watteau, que celle du Cambresien rappelait souvent de très près, ce goût prononcé qui a enlevé à notre pays plus d'une œuvre du fils du couvreur.

Combien de temps notre peintre resta-t-il éloigné de Cambrai ? Nous ne saurions le préciser, mais vers 1741 il se trouvait de retour dans sa ville natale.

Antoine était bel homme et de jolie figure. Son portrait, peint par lui, le montre en habit de velours grenat, en chemise à jabot de dentelle. Ses cheveux légèrement poudrés à la mode du temps, découvrent un front bombé sous lequel un regard fin, franc et vif, un nez droit, bien fait, plutôt fort que mince, une bouche souriante, un peu sarcastique, donnent à la physionomie de l'artiste un air spirituel, empreint d'une sorte de distinction, tandis qu'une certaine expression d'indépendance accuse un caractère en dehors du vulgaire (1). Ajoutons que de toutes les peintures que nous avons vues de notre concitoyen,

(1) Cabinet de M. V. Delattre.

c'est la plus chaude de ton, bien qu'elle tienne un peu de la fadeur du pastel.

« Il n'est pas bon que l'homme soit seul ; » c'est aussi ce que de Saint-Aubert pensait. Il avait vingt-six ans : il voulut faire souche.

Sans fortune lui-même, il ne fit pas du mariage une affaire, mais une union de sentiments réciproques. Séduit par le caractère enjoué et le charme plastique d'une jeune fille qui comptait plus de cohéritiers que d'écus, Jeanne-Claire Seuron, habitant sur la même paroisse que lui, il la choisit pour femme. Jeanne était encore une enfant. L'acte de mariage lui donne dix-huit ans, d'après son acte de baptême elle n'en avait pas seize (1).

« Le 10 août mil sept cent quarante et un, — lit-» on sur le registre des mariages de l'église Saint-

(1) Il s'est produit à propos de cette union un fait qui, paraît-il, n'aurait pas été unique alors : on maria sous le nom de Jeanne-Claire Seuron, née le 1er Janvier 1731, et qui n'avait par conséquent que dix ans à l'époque du mariage, sa sœur aînée Anne-Claire Seuron, née le 23 août 1727. Cette substitution de personne ou, pour parler plus vrai, de nom, donnera lieu à la mort de madame Saint-Aubert, à une autre observation que l'on consignera en note à son lieu et place.

» Nicolas — après la publication d'un ban, et après » avoir obtenu dispense de deux autres bans, — ce » qui plaide en faveur de l'empressement des con- » joints — en présence de leurs familles respectives, » Antoine-François Saint-Aubert, peintre de profes- » sion, et Jeanne-Claire Seuron, » recevaient la bénédiction nuptiale des mains de révérend maître, Me Capront, curé de la paroisse (1).

(1) « L'an mil sept cent quarante et un, le dix août, après la » publication d'un ban faite dans cette église et après avoir » obtenu la dispense de deux autres, de Messieurs vicaires » généraux, signées Messire Jacquery, chanoine et vicaire gé- » néral, et après avoir été assuré du consentement de leurs pa- » rents, ont été par nous mariez et reçu de nous la bénédiction » nuptiale après avoir reçu d'iceux leur consentement, mondit » *Antoine Saint-Aubert*, de cette paroisse, âgé de trente-trois » ans environs, fils de Jean Saint-Aubert et d'Elisabeth Simon, » peintre de profession d'une part, et *Jeanne-Claire Seuron*, » de cette paroisse, âgée de dix-huit ans environs, fille de » Jean-Baptiste Seuron et de Jeanne-Claire Landrique, d'autre » part ; furent témoins Félix Lefebvre, de la paroisse de Saint- » Martin, Antoine Vaille, de la paroisse de Sainte-Marie-Ma- » delaine, Joseph Verson, de la paroisse de Sainte-Croix, Pier- » re-Martin Cordier, de la paroisse de Saint-Géry, tous amis » aux susdits mariez ; ils ont tous signez.

» De Saint-Aubert, — Jeanne-Claire Seuron, — Félix Lefeb-

Nous venons de dire que de Saint-Aubert avait alors vingt-six ans : l'acte de célébration lui en donnait trente-trois. Ces erreurs font voir une fois de plus le... peu de soin avec lequel, malgré les ordonnances royales, les registres paroissiaux étaient tenus, alors qu'ils constituaient les seuls documents que pouvaient invoquer les familles, et réglaient la situation légale de tous.

Jeanne était une svelte et jolie fille, un peu mignonne pour un produit de sang flamand. Par cette raison même, elle n'en plaisait que plus au peintre. Elle avait cette « beauté du diable, » qui gagne en mutinerie tout ce qu'elle perd en correction et séduit même les indifférents. De Saint-Aubert avait aussi vu en elle un modèle. Nous connaissons de Jeanne un profil tracé à la sanguine par son mari ; il est peu de scènes de l'artiste où l'on ne retrouve ce type agréable avec son petit bonnet de linge « crânement » planté sur le haut du chignon à la mode du temps, et ses grappes

» vre, — Antoine Vaille, — Verson, — Pierre-Martin Cordier, —
» R. F. Capront, curé de la paroisse »

(Registre de la paroisse Saint-Nicolas, n° 137, page 201. — Archives communales GG. 1).

de cheveux roulés descendant derrière l'oreille en hélices gracieuses. Antoine aima trop sa femme et tint sa pauvre petite compagne en chartre privée : il était d'une jalousie féroce.

De ce mariage naquirent le 7 janvier 1754, une première fille, morte à onze ans ; le 13 mai 1755 un fils, Louis-Joseph-Nicolas qui fut peintre comme son père et lui succéda dans la direction de l'école de dessin. En 1759, la famille s'augmenta d'une nouvelle fille, morte la même année. En 1763 enfin, une troisième fille vint clore l'ère des naissances dans ce ménage.

Taisne avait vécu assez longtemps pour jouir du succès de son élève. C'est en s'applaudissant de l'avoir mis sur la voie de l'art, qu'il mourut neuf ans après le mariage de son filleul, le 15 mai 1750, âgé de cinquante-huit ans... ou environ, dit avec prudence son acte de décès.

De Saint-Aubert, à part le renom qu'il devait à son talent,avait acquis près de ses concitoyens une considération non équivoque : son fils avait été tenu sur les fonts par Maître Charles Pingard, écuyer seigneur d'Aufort.

2.

L'ancien protégé de M. de Saint-Albin était dès 1755, l'un des principaux membres de la corporation des peintres, sculpteurs et brodeurs réunis à Cambrai aux verriers sous le même patron, Saint Luc.

En 1759, sous l'influence des idées peu libérales qui animaient toujours les corps de métiers à cette époque, on surprend Antoine signant une requête au magistrat pour empêcher les maîtres étrangers non pourvus de maîtrise en notre ville, d'y exercer leur art (1). Ce n'était point cependant l'envie qui inspirait l'artiste en cette circonstance ; d'une simplicité rare, il oubliait quelquefois même de signer ses compositions.

Les arts avaient été jusqu'alors à Cambrai ce qu'ils pouvaient être dans une ville dépourvue de moyens d'étude ; à la plupart des maîtres il manquait ce que le peintre violoniste, Ingres, a nommé avec autant de justesse que d'originalité : « la probité des arts plastiques, » — le dessin. — Sous ce rapport de Saint-Aubert avait fait sensation, plutôt révolution.

Ce n'était pourtant ni un Grec, ni un Romain ; c'était un Français et, ce dont nous pouvons nous montrer

(1) Registre aux réglements des corps de métiers. — Archives communales HH. IV.

fiers, un Cambresien. Il est nourri sinon de l'étude de l'antique, du moins de celle de la nature. On peut déshabiller sûrement ses figures, l'on retrouve toujours un corps, des formes, des membres, qui vivent ou agissent sous leurs draperies chiffonnées. Ce n'est plus du poncif, du métier, de la routine : c'est de l'art; art théâtral, peut-être, nature un peu maniérée, sans doute, comme on la voyait sous l'inspiration du grand Watteau et de Lancret, son élève; mais non dévergondée, débraillée, gonflée et pourtant pleine de ragoût comme venait de la représenter l'érotique, mythologique, pastoral et si séduisant Boucher, contre qui Vien réagissait depuis le milieu du dix-huitième siècle, en attendant que le classique David, son élève, vienne à la rescousse.

L'étude du dessin était dans l'air : elle « faisait prime » alors, et les écoles se fondaient partout.

En 1755, celle de Bachelier s'ouvre à Paris. En même temps, sur la proposition de l'architecte Gombert, s'établit celle de Lille qui reçoit pour premier maître Le Tilier, dont on ne connaît pas les œuvres. En 1768 Truit institue celle de Dunkerque, Decamps de Rouen, celle de La Rochelle. En 1767, un anonyme adresse à l'Académie française une médaille à décerner à celui qui « prouvera le mieux l'utilité des écoles gratuites de dessin. » Picardet publie à Dijon ses considérations sur les écoles où l'on enseigne l'art du dessin. Derosoy fait paraître son essai philosophique sur l'établissement d'écoles gratuites de dessin, etc., etc. On comprendra sans peine alors l'idée qui prit germe dans l'esprit de de Saint-Aubert. Pourquoi Cambrai n'aurait-il pas aussi son école gratuite d'art ?

Le 14 novembre 1780,lors de l'assemblée des Etats généraux du Cambresis, — correspondant à peu près au conseil général d'aujourd'hui — l'artiste présente aux députés, réunis dans la salle du Consistoire de l'hôtel de ville, une demande ensuite de laquelle, le 18 du même mois, était prise la délibération suivante :

« Le nommé Antoine Saint-Aubert, maître de des-
» sin, ayant présenté une requête pour proposer l'é-
» tablissement d'une école gratuite de dessin en cette
» ville, l'assemblée considérant qu'effectivement cet
» établissement ne pouvait être que très avantageux
» au pays et connaissant d'ailleurs le mérite et les
» talents du dit Saint-Aubert, a résolu de lui confier
» cette école, en chargeant le bureau permanent de
» traiter avec lui, de concert avec MM. du Magistrat,

» tant de l'emplacement convenable que de la gratifi-
» cation annuelle qui pourra lui être accordée. »

Le 16 décembre suivant, les Etats fixaient à quatre cents livres la pension du professeur, à l'acquit de laquelle le magistrat devait « contribuer pour un
» tiers, selon l'usage, ainsy que dans la dépense du
» mobilieret du matériel nécessaire à la dite école. (1) »

Le 2 juin 1781 l'école est en pleine activité.

Le 7 juillet, sans s'arrêter à ce qui a été convenu précédemment, la pension du directeur est fixée à quatre cent cinquante livres : trois cents pour la part des Etats, cent cinquante pour celle de la ville.

Le 20 août, il touche ce traitement une première fois pour un an, et on lui alloue pendant l'hiver quarante cinq florins (cinquante-six francs vingt-cinq centimes) pour le chauffage des classes.

L'école était installée à l'hôtel de ville, dans une salle haute dite « chambre des canonniers, » parce qu'elle avait servi jusqu'alors de lieu ordinaire d'assemblée à cette compagnie bourgeoise, qu'on dési-

(1) Registre aux délibérations des Etats du Cambresis. — Archives communales AA. III.

gnait aussi sous le nom de « serment des canonniers ».

En même temps un règlement en quarante-quatre articles était promulgué (1). Il faisait connaître que l'on enseignait à l'école, selon la profession et le goût des élèves, l'architecture, l'ornement, la bosse, « l'anatomie extérieure, » pour les mettre à même « de travailler d'après le modèle. »

Des prix — médailles d'argent — étaient affectés aux concours entre les jeunes gens ; la remise en était faite aux lauréats avec solennité. On exposait en permanence dans des cadres, les dessins récompensés et l'on inscrivait en lettres d'or, sur des tableaux appendus aux murs des classes, les noms des vainqueurs. Ce double usage s'est perpétué jusqu'à nos jours.

La première distribution des prix eut lieu le samedi 15 février 1783, à trois heures de relevée, dans la grande salle de l'hôtel de ville.

La capricieuse fortune n'avait pas souri à de Saint-Aubert. Il se faisait vieux ; désireux de transmettre la modeste position qu'il occupait à son fils, les Etats

(1) Archives communales GG. V.

sur la demande du fondateur de l'école, autorisaient Louis, alors âgé de vingt-sept ans, « de donner des leçons concurremment avec son père et de l'aider à contenir les élèves. » C'était ce qu'en langage vulgaire on appelle « le pied à l'étrier. » Deux ans après, en 1784, les Etats accordaient au maître adjoint la survivance du directeur. Bientôt, en 1785, un cours de modèle vivant fondé par un autre peintre cambresien, Benoit Martho, à son retour de Rome où il avait séjourné en amateur, était annexé à l'école gratuite de dessin de Cambrai.

A sa science d'artiste Antoine joignait un certain fonds d'instruction. La correction relative des quelques pages — lettres, requêtes, rapports — sorties de sa plume, qui sont restées, en donne la preuve. Inscrit au baptistaire avec la particule précédant le nom de son père, ce n'est que vers la fin de sa carrière qu'il abandonna cette forme si généralement employée de son temps qu'elle ne tirait plus à conséquence, et de nouveau si enviée de nos jours.

Jusqu'en ses dernières années le peintre conserva toutes ses facultés d'artiste. Il peignait encore alors d'une pâte aussi ferme, d'une couleur aussi fine, d'un dessin aussi sûr que s'il eût gardé la main du jeune homme.

Les Etats et le magistrat reconnaissants lui avaient continué un traitement qui l'aidait fort à vivre. Depuis deux ans déjà il avait abandonné ses fonctions à l'école en faveur de son fils, lorsque la mort le frappa le 11 avril 1788, à six heures du matin, à l'âge de soixante-treize ans. Il s'éteignait sur la paroisse même où il était né (1).

Il avait eu la consolation de voir prospérer les cours qu'il avait fondés, le nombre des élèves qui les fréquentaient aller croissant et plusieurs de ceux-ci obtenir des succès au dehors. C'est ainsi que depuis plus de deux ans aussi, l'un des plus

(1) « L'an mil sept cent quatre-vingt-huit, le onze avril, vers » six heures du matin, est décédé Antoine St-Aubert, âgé « d'environ soixante et treize ans, maître peintre et directeur « de l'académie de dessin en cette ville, époux de Jeanne-« Claire Seuron, et le lendemain après le service chanté au « deuxième état, il fut inhumé au cimetière situé hors la porte « Saint-Sépulcre. Témoins les soussignés. St-Aubert, — D. P, « Vincent relig. — Druet, curé. »

(Registre de la paroisse Saint-Nicolas, n° 143, page 554. — Archives communales G. G. I.)

anciens lauréats de l'académie de Cambrai, Guéry, devenu élève de l'école d'architecture de Paris, recevait du magistrat et des Etats une pension de deux cent quarante florins pour qu'il continuât « d'honorer la ville par ses études. »

Après la mort de Saint-Aubert, sa veuve tomba dans l'oubli. L'éclat du talent de son mari qui avait pu rejaillir un peu sur elle pendant la vie de celui qu'elle venait de perdre alla, au bout de quelques années, s'éteindre entre les murs de l'hospice général où Jeanne-Claire mourut chargée d'ans, le 17 juin 1817 (1).

Un mot maintenant des œuvres et du style de Saint-Aubert.

Peintre de mœurs avant tout, les toiles de l'artiste cambresien furent nombreuses, il en est arrivé peu relativement jusqu'à nous. On peut voir chez diffé-

(1) Son acte de décès dressé sans doute sur un renseignement verbal, lui donne quatre-vingt-six ans. Son mariage ayant eu lieu en 1741, elle aurait donc contracté cette union à l'âge de dix ans!... Nous savons d'une personne qui avait connu la veuve d'Antoine, que celle-ci était, lors de sa mort, au moins âgée de quatre-vingt-douze ans.

rents de nos concitoyens ou dans les collections publiques des scènes de genre, des scènes fantastiques, des portraits, des paysages des environs de sa ville natale — le moulin de Proville, un bal au Castor (ancienne guinguette aux portes de la cité même) et une vue de celle-ci prise des hauteurs de Sainte-Olle. Il reproduisait nos rares monuments qu'il animait d'épisodes accessoires pris sur le vif, lesquels par l'intérêt qu'il savait leur communiquer devenaient ainsi, parfois, le sujet principal. Plusieurs de ces reproductions sont aujourd'hui de précieux documents d'histoire locale.

On doit aussi à Saint-Aubert des camaïeux, des trompe-l'œil, des anamorphoses, des croquis nombreux à la pierre noire, à la sanguine, des dessins, des compositions à l'encre de Chine, des esquisses de tableaux d'une sûreté de crayon remarquable. Nous possédons entre autres le premier jet, à la pierre noire, de l'une des sorcelleries du musée où, bien que d'exécution sommaire, rien n'est diffus ni oublié.

Saint-Aubert a touché à tous les genres. En 1774 avec un autre peintre cambrésien, Duchâteau, il brosse les décors dressés dans l'église métropolitaine pour le service funèbre célébré en mémoire du roi « bien-aimé » Louis XV. C'est au même artiste que l'on doit la fresque du dôme de l'église abbatiale, aujourd'hui paroissiale, de Saint-Aubert — bizarre coïncidence de nom — représentant la sainte Trinité entourée d'anges. Il avait peint également sur les pendentifs les quatre évangélistes, que des travaux de consolidation ont fait disparaître il y a une quarantaine d'années environ, et les panneaux de clôture des oculus des voûtes, encore en place.

En même temps qu'il exécutait d'une brosse large et hardie ces œuvres de grandes dimensions, il pointillait avec une minutieuse patience des gouaches, de fines miniatures,lesquelles,sous forme de portraits, existent encore chez d'anciennes familles.

Peintre d'histoire on cite de lui le *Baptême de Clovis,* dans l'église d'Avesnes-les-Aubert (Nord). En juin 1871 on vendait, provenant du cabinet d'un amateur cambresien (1) alors récemment décédé, l'épisode, non rare — représenté par l'artiste — d'un mari hâtant trop son retour au domicile conjugal, où il trouve un tiers près de sa moitié. Le George Dandin

(1) M. Célestin Crépin.

brandit contre l'intrus avec une fureur comique une flamberge dont il n'ose faire usage. Etrangeté du cœur humain : Saint-Aubert riant chez un autre de ce qu'il redoutait tant chez lui !...

Beaucoup de cambresiens connaissent *Le marché aux poissons* (1) ; l'auteur en avait fait plusieurs répétitions. Cette toile peut servir de pendant à l'œuvre la plus remarquable de notre concitoyen : *Le grand marché de Cambrai un jour de carnaval,* peint en 1765 (2). Ce tableau a été légué à la ville par le petit-fils du peintre, peintre lui-même, avec cinq autres toiles. Ce sont deux scènes de *Zémire et Azor*, ce vieux opéra comique, imité de *La belle et la bête*, que Marmontel et Grétry faisaient représenter pour la première fois à Paris sur le théâtre italien, le 16 décembre 1771. Puis trois scènes diaboliques et sabbatiques, œuvres auxquelles il est diffici-

(1) Une photographie de ce tableau figure dans le tome XLIII des *Mémoires de la Société d'Emulation,* (publié en 1888), page 173, où elle accompagne une étude sur *Les mineurs de poisson de mer à Cambrai,* par A. Durieux.

(2) Une photographie de cette toile a été publiée en 1886, dans le tome XLI des *Mémoires de la Société d'Emulation de Cambrai*, page 377.

le, croyons-nous, de donner un sens. Ces diableries semblables à celles qui hantaient l'esprit fantastique de Cazotte, rappellent celles de Claude Gillot.

C'est, dit M. Antony Valabrègue, dans une courte appréciation du musée de Cambrai (1), « un dernier » écho de Callot et de Téniers qu'on retrouve en plein » dix-huitième siècle. On se demande comment à cette » époque un peintre pouvait prendre goût à des » sujets de ce genre : mais il ne faut pas oublier » qu'il a existé un peu de sorcellerie sous la » régence, même pendant le règne de Madame de Montespan. » Et le critique ajoute avec une pointe d'ironie : « Un siècle de philosophie et de raison » contient vraiment bien des contrastes. »

L'une des scènes de *Zémire et Azor* est franchement imitée d'une estampe du siècle dernier, reproduite dans le tome XIVe, page 377, du *Magasin pittoresque*, et intitulée le « Miroir d'Azor. » Dédaignant un subterfuge employé par ces « démarqueurs de linge » qui, se donnant comme créateurs, croient dérouter l'opinion publique en figurant avec effronterie à droite ce qu'ils ont pris à gauche, l'artiste a

(1) *Courrier de l'art*, cinquième année, page 490.

reproduit purement et simplement sur sa toile, la scène légèrement modifiée qu'il avait trouvée sur le papier.

A côté de ces œuvres de pure fantaisie, Saint-Aubert « apparaît comme un peintre très minutieux de la vie réelle. » Dans cette vue du grand marché un jour de carnaval, l'hôtel de ville, les maisons à auvent de bois de la grande place à cette époque, servent de cadre à une multitude de personnages d'une touche très fine dont le plus grand mesure à peine onze centimètres. Tous sont revêtus de couleurs brillantes, vont, viennent, s'agitent dans les mouvements les plus divers. Masques, dames élégantes et types populaires se faisant antithèses, répandent sur cette toile l'animation et l'entrain avec une telle vérité d'attitude, qu'ils semblent se mouvoir réellement.

Le dessin est irréprochable, le faire fin comme une miniature, les vêtements drapés en perfection. L'on ne peut regarder sans rire l'épisode du second plan et la colère de la marchande de pommes dont les gamins ont, en courant, culbuté la marchandise qu'ils s'empressent de ramasser... à leur profit. C'est du Watteau de la bonne marque (1).

(1) Nos vignettes sont empruntées à cette toile.

Les personnages d'Antoine Saint-Aubert sont sveltes — ne parlons pas des monstres, ni des types populaires — les têtes expressives, les extrémités élégantes.

Dans les scènes diaboliques, le trait, quand il est apparent, contribue à donner à la couleur une transparence qui fait penser à Watteau de Lille. *La forge* du musée de Cambrai est sous ce dernier point remarquable. *Le grand marché* et les scènes *de Zémire et Azor* ne donnent pas lieu à cette observation : la couleur par l'addition du blanc mélangé aux teintes en grande quantité, est plus lourde, plus gouachée, si l'on peut s'exprimer ainsi, à propos de peinture à l'huile. L'effet est simple ; les fonds sont obscurs, les ciels ont verdi et se sont éteints. Les bruns chauds des premiers plans formant repoussoirs ont une transparence acquise un peu aux dépens de la solidité ; mais tout cela est compensé par la fraîcheur des tons de lumière qui semblent empâtés d'hier, malgré plus d'un siècle d'existence, et surtout par l'esprit de la composition : on n'a pas d'esprit qui veut ; que de génies en ont manqué. L'ensemble, nous l'avons dit, rappelle Antoine Watteau ; à tel point qu'à Cambrai un de ces brocanteurs pour qui la loyauté n'est qu'un mot, vendit, il y a quelques années, à des amateurs étrangers, des toiles de Saint-Aubert non signées, pour des œuvres du célèbre Valenciennois.

« Les peintres du Nord de la France, dit encore » en substance, M. Valabrègue (1), ont été naturelle- » ment portés à représenter la vie familière. Ils ont » vu se dérouler autour d'eux une existence calme » recueillie et leur inspiration s'est tournée vers les » choses intimes. Je ne veux pour preuve de ce juge- » ment que les œuvres d'Antoine-François Saint- » Aubert, *Intérieur de cabaret* et *Scène d'inté- » rieur* que possède le musée d'Arras. Ces œuvres » sont vraiment remarquables et si elles rappellent » quelques toiles de Watteau de Lille, elles leur sont » de beaucoup supérieures. Saint-Aubert est vrai- » ment un peintre flamand de Cambrai. On aperçoit » chez lui quelques réminiscences de Téniers et un » reflet des maîtres pimpants du dix-huitième siècle. » Saint-Aubert possède beaucoup de délicatesse, ré- » sultat de ce mélange. Les figures de femmes et » d'enfants qu'il retrace, dont les physionomies sont » traitées avec beaucoup de vivacité et de grâce, ont » en général un charme accompli. C'est un maître

(1) *Courrier de l'art.* Cinquième année : « Le Musée d'Arras. » pages 137 et 138.

» provincial qu'il serait juste de remettre à son rang. » C'est une figure intéressante pour quiconque aime » à étudier ces talents originaux et bien doués qui » — n'ayant, dirons-nous, que le tort d'être nés là où ils ont vécu — « sont souvent arrêtés dans leur » développement par les circonstances, la pauvreté » ou l'hostilité de la province. »

Cette hostilité, si tant est qu'il l'eût essuyée, le peintre s'en vengeait d'une façon bien innocente. en fixant sur la toile ou le papier les traits, la tournure, les tics, presque les manies de ceux de ses concitoyens qu'il clouait ainsi, malgré eux sans doute, au pilori de l'avenir.

Que de fois, devant ces satires, alors que nous étions jeune, n'avons-nous pas entendu les aînés, au rang desquels nous sommes à notre tour, nommer en les désignant du doigt, ces originaux, ces maniaques, dont on trouve d'ailléurs partout un nombre respectable d'échantillons.

Avant que l'ère de la liberté ne vienne changer l'ancien ordre de choses, l'artiste ne se paraît point d'un titre rendu banal aujourd'hui, par la facilité avec laquelle on le prodigue ou par le sans-gêne avec lequel on s'en décore ; souvent la modestie — une vertu passée de mode — le retenait sur le sol natal lorsque, se contentant de peu, il espérait y trouver le pain quotidien. Tel fut Antoine-François Saint-Aubert, dont nous venons d'esquisser la vie à grands traits.

« Faucheur d'hommes, le Temps va, d'une main pesante,
» Ecrasant l'œuvre, après avoir broyé l'auteur...
» — Ainsi pensent, troublés par la gloire présente,
» Ceux dont le Temps un jour sera le protecteur.

» Oui ! jusqu'en nos palais la couleur complaisante
» Pâlit ; le marbre altier, superbe en sa lenteur,
» Devient l'obscur fragment d'où la grâce est absente :
» Mais le Temps se souvient du peintre et du sculpteur. »

Ces vers de M. Henry Jouin (1), l'historien érudit et consciencieux du grand David d'Angers, son compatriote, nous reviennent à la mémoire en terminant notre croquis. Puissent-ils être vrais aussi pour notre concitoyen. Puissions-nous, après un siècle, avoir contribué, pour une petite part, à faire mieux connaître une véritable gloire cambresienne.

St Aubert peintre

(1) *David d'Angers* — 1788-1888, sonnet.

www.ingramcontent.com/pod-product-compliance
Ingram Content Group UK Ltd.
Pitfield, Milton Keynes, MK11 3LW, UK
UKHW020457180726
13839UKWH00004B/1820